LA FRANCE

DANS

SES MALHEURS

PAR

UN PUBLICISTE LORRAIN

Se impendere vero.
La vérité est le meilleur patriotisme.

CINQUIÈME ÉDITION. — 60 CENTIMES

NANCY

DE L'IMPRIMERIE SORDOILLET ET FILS

rue du Faubourg Stanislas, 3

JUILLET 1871

Monseigneur Dupanloup, dans une lettre récente expliquant nos désastres, a dit que la vérité et la vertu, depuis quelque temps, font défaut aux Français.

Nous croyons que les pages que nous livrons au public ne seront pas inutiles à la connaissance de la vérité. Puissent-elles éclairer les esprits et inspirer aux cœurs le courage de la vertu !

LA FRANCE

DANS SES MALHEURS

Lorsque Dieu, le juste vengeur des crimes qui couvrent notre globe, laisse déborder sa colère pour rétablir l'ordre profondément troublé, des esprits irréfléchis et impénitents, loin de rentrer en eux-mêmes, d'apaiser le Ciel par le repentir d'un cœur contrit et humilié, osent blasphémer sa Providence et l'accuser d'injustice. Au quatrième et au cinquième siècle, lors de l'invasion des Barbares, qui inondèrent et détruisirent l'empire romain, les payens reprochaient aux chrétiens et à leur religion cette ruine lamentable.

Saint Augustin, dans sa *Cité de Dieu*, Salvien, dans son beau livre *de Gubernatione Dei*, justifient la Providence, dans la punition et la destruction de l'empire romain, contre les blasphèmes et les attaques immérités de leur siècle. De nos jours, des chrétiens osent également accuser la conduite de Dieu dans la terrible guerre qui désole l'Europe et qui a amené sur la France des humiliations et des désastres inouïs dans les fastes militaires et dans les annales des peuples. A l'exemple du docteur d'Hippone et du prêtre de Marseille,

nous allons, par des considérations générales, justifier la
Providence.

Nous ne craignons pas d'affirmer : *1° Que nos crimes ont
attiré le déchaînement du terrible fléau de la guerre ;*

*2° Que la France a mérité ses désastres épouvan-
tables ;*

3° Que la France se relevera de ses ruines.

I

Nos crimes ont attiré le terrible fléau de la guerre.

L'homme, créé à l'image et à la ressemblance divine, a été
spécialement recommandé, dès son origine, aux soins et à
l'amour de ses semblables [1]. Il lui a été dit : *Croissez et
multipliez-vous* [2]. *Quiconque répandra le sang humain,
que le sien soit répandu* [3]. Le motif de cette loi du talion,
c'est que l'homme *porte l'empreinte de la Divinité* [4]. Avec
la déviation primitive, le désordre entra dans le monde, l'é-
quilibre a été rompu en nous et hors de nous, l'accord des
diverses puissances de l'âme, contenues et réglées par la
vertu de la justice originelle, n'existe plus. Chaque passion,
dont les deux principales sont, selon Aristote, l'*irascible* et

[1] Mandavit illis unicuique de proximo suo. *Eccl.*, XVII, 12.

[2] Crescite et multiplicamini. *Gen.*, I, 28.

[3] Quicumque effuderit humanum sanguinem, fundetur sanguis illius.
Gen., I, 36.

[4] Ad imaginem quippe Dei factus est homo. *Ibid.*

[5] Soluto vinculo originalis justitiæ, sub qua, quodam ordine, omnes vir-
tutes animæ continebantur unaquæque vis animæ tendit in suum proprium
motum. *Summ.*, 1. II, q. 82, 3, 4.

le *concupiscible*, c'est-à-dire l'orgueil et la cupidité, suit son mouvement propre.

S'élever intérieurement et extérieurement au-dessus de ses semblables, telle fut la pente naturelle de l'homme déchu. Sous l'instinct de notre nature viciée, le droit du plus fort prévalut, et *la guerre naquit du jeu et de la lutte des intérêts opposés.* Si la nature nous a faits [1] pour vivre en frères, dans l'harmonie d'une seule et même société, le vice a été le dissolvant de cette unité [2].

Lorsque l'individu est attaqué dans sa vie, ses biens ou son honneur, il recourt, pour se défendre et soutenir ses droits lésés, aux tribunaux et à la justice organisée. Il trouve là un protecteur-né, armé de la loi, laquelle de sa nature est indépendante, impartiale, supérieure à toutes les influences, à tous les intérêts privés. Elle est environnée d'une force suffisante pour se faire obéir. Mais un être collectif, un peuple, ne peut pas toujours implorer un tribunal assez fort pour imposer ses décisions. Dans le moyen âge, les papes remplissaient le rôle de médiateur chez les nations chrétiennes et arrêtaient souvent l'effusion du sang, au profit de l'humanité. C'était là un des plus grands services de la papauté, méconnu par d'ignares sophistes. Pour remplacer le tribunal moral de l'Eglise, nos modernes philosophes ont inventé en vain la diplomatie. Si celle-ci a rendu quelques services aux Etats comme aux souverains, elle est impuissante à arrêter le déchaînement du démon guerrier, parce qu'elle manque de moyens coercitifs. Il ne reste aujourd'hui, la plupart du temps, comme dans l'antiquité païenne, aux nations devenues infidèles, que le droit de la force, et l'on peut malheureusement dire : « Le canon est trop souvent la dernière raison des rois et des Etats. » En conséquence, par le principe de juste dé-

---

[1] *De Pol.*

[2] Nihil quam hoc genus (humanum) tam discordiosum vitio, tam sociale natura. *Civit. Dei*, l. XII, c. 27.

fense, la guerre devient malheureusement nécessaire pour un peuple obligé de soutenir son honneur, son indépendance et sa liberté vis-à-vis d'un voisin cupide et ambitieux.

C'est pourquoi un long sillon de sang rougit chaque page de l'histoire du genre humain ; ce n'est qu'à travers le meurtre et le carnage qu'on peut étudier les mœurs des peuples et des nations. Que les philosophes, les poètes et les orateurs fassent des portraits affreux du terrible fléau qu'on nomme la guerre, qu'ils nous montrent *la mort* avec toutes ses affres, qui la précède, *la famine* avec toutes ses tortures qui l'accompagne, *la peste* avec tous ses ravages qui la suit ; qu'ils nous attendrissent par les cris de l'enfant arraché du sein de la mère, de la sœur égorgée ou souillée sur le cadavre du frère, du fils immolé pour la défense du père ; qu'ils nous dépeignent, sous les plus sombres couleurs, les provinces ravagées, les villages, les villes incendiées, les campagnes désolées par le fer et le feu, n'offrant que le spectacle d'une horrible boucherie ou d'une vaste solitude : que Napoléon, lui-même, après la bataille d'Eylau, à la vue d'une plaine glacée, couverte de milliers de morts et de mourants cruellement mutilés, de milliers de chevaux abattus, d'une innombrable quantité de canons démontés, de voitures brisées, de projectiles épars, de hameaux enflammés, tout cela se détachant sur un fond de neige, s'écrie : « Que ce « spectacle est fait pour inspirer aux princes l'amour de la paix « et l'horreur de la guerre [1] ! » ; que les amis de la paix universelle s'assemblent en congrès, chantent et pérorent sur tous les tons et dans toutes les langues : « La guerre nous ravale au-dessous de la brute, qui n'attaque et ne dévore pas son espèce ; elle est contraire au progrès des arts et des sciences, aux intérêts du commerce et de l'agriculture ; » que tous s'exclament avec le tendre Fénelon : « Quelle fureur aveugle pousse les malheureux mortels ! Ils ont si peu de jours à

---

[1] Thiers, *Hist. du Consulat et de l'Empire.*

vivre sur la terre, les jours sont si misérables ! Pourquoi précipiter une mort déjà si prochaine ? Pourquoi ajouter tant de désolations affreuses à l'amertume dont est remplie cette vie si courte ? Les hommes sont tous frères et ils s'entredéchirent. Les bêtes farouches sont moins cruelles qu'eux. Les lions ne font pas la guerre aux lions, ni les tigres aux tigres ; ils n'attaquent que les animaux d'espèce différente. L'homme seul, malgré sa raison, fait ce que les animaux sans raison ne firent jamais. Mais encore, pourquoi les guerres ? N'y a-t-il pas assez de terres, dans l'univers, pour en donner à tous les hommes plus qu'ils n'en peuvent cultiver ? Combien y a-t-il de terres désertes ? Le genre humain ne saurait les remplir. Quoi donc ! Une fausse gloire, un vain titre de conquérant qu'un prince veut acquérir, allume la guerre dans des pays immenses ! Ainsi, un seul homme, donné au monde par la colère des dieux, sacrifie brutalement tant d'autres hommes à sa vanité ; il faut que tout périsse, que tout nage dans le sang, que tout soit dévoré par les flammes, que celui qui échappe au fer et au feu ne puisse échapper à la faim encore plus cruelle; afin qu'un seul homme, qui se joue de la nature entière, trouve dans cette destruction générale ses plaisirs et sa gloire [1] ! »

Malheureusement, la guerre *est un fait constant, universel et nécessaire dans l'état présent de l'humanité.*

« Qu'on remonte jusqu'au berceau des nations, qu'on descende jusqu'à nos jours, qu'on examine les peuples dans toutes les positions possibles, depuis l'état de barbarie jusqu'à celui de la civilisation la plus raffinée, toujours on trouvera la guerre. L'effusion du sang humain n'est jamais suspendue dans l'univers ; tantôt elle est moins forte sur une plus grande surface et tantôt plus abondante sur une surface moins étendue. Mais, de temps en temps, il arrive des événements extraordinaires qui l'augmentent prodigieusement...

[1] *Télém.*

La guerre sévit sans interruption, comme une fièvre continue marquée par d'effroyables redoublements[1]. »

Ces paroles du comte de Maistre s'accordent avec l'histoire de l'Ancien et du Nouveau Testament.

Le premier âge du monde a péri violemment à raison de l'injustice qui y régnait et des guerres sanglantes qui le souillaient[2]. La guerre a été faite par les bons princes comme par les méchants, dans le paganisme ainsi que sous la loi ancienne et dans le christianisme. Abraham, le père des croyants, est forcé à la guerre et est béni de Dieu[3].

Dans la législation de Moïse, la guerre devient une institution nationale. Dieu laissa même subsister, dit le texte sacré, « des races hostiles au milieu des terres qu'il avait données à son peuple, afin que leurs enfants qui n'avaient pas connu les guerres contre les Chananéens apprissent à se mesurer contre l'ennemi et ne perdissent point l'habitude du combat[4]. » David, ce roi si plein de mansuétude, fut, durant sa vie, presque toujours en guerre. Sous son règne, deux cents hommes de la tribu d'Issachar étaient chargées d'enseigner Israël à tirer de l'arc[5] et de lui apprendre le métier de la guerre[6]. Afin d'entretenir l'émulation, il avait établi des titres honorifiques et les actions d'éclat étaient marquées dans des registres publics[7]. Il chantait lui-même sa science militaire, dont il rapportait la gloire au Seigneur[8].

Durant la paix profonde du règne de Salomon, les exercices militaires demeuraient en honneur, et deux cent cin-

---

[1] *Considérat. sur la France.*

[2] Gigantes... scientes bellum. Baruc, III, 26.

[3] *Gen.*, XIV.

[4] *Jud.*, III, 1-2.

[5] II, *Reg.*, I, 18.

[6] I, *Paral.*, XII.

[7] II, *Paral.*, XXVI, 11.

[8] Benedictus Dominus Deus meus qui docet manus meas ad prælium et digitos meos ad bellum. *Psal.* 143.

quante chefs instruisaient l'armée [1]. Tous les princes de la maison de David imitèrent plus ou moins les exemples de leurs illustres ancêtres. C'est pourquoi l'histoire du peuple de Dieu compte un grand nombre de héros : Josué, Jephté, Gédéon, Saül, Joab, Abisaï, Abner, Amasa, Josaphat, Ozias, Ézéchias, Judas Machabée avec ses deux frères, Jonathas, Simon, Jean Hircan et tant d'autres. Tous ces chefs de peuple ou d'armée n'étaient pas des guerriers ordinaires.

L'Ecriture nous montre même des héroïnes, telles que Débora, Jahel et Judith.

Dans l'Evangile, nous trouvons également la guerre autorisée. Saint Jean-Baptiste trace aux soldats leurs devoirs : « Abstenez-vous de toute violence et de toute fraude et contentez-vous de votre paye [2]. » C'est pourquoi saint Augustin dit : « Chez les véritables adorateurs de Dieu, ces guerres ne sont pas des péchés qui ne se font pas par cupidité ou par cruauté, mais par le désir de la paix, afin d'arrêter les méchants et d'encourager les bons [3]. » Qui ignore d'ailleurs que le Dieu des chrétiens s'appelle le Dieu des armées ? et qu'il y a une grande analogie entre le prêtre et le soldat ? Tous les deux suivent une discipline sévère, renoncent aux douceurs de la famille, sont soumis à une vie dépendante et mobile. Tous les deux défendent et soutiennent les deux bases de la société : le prêtre, l'ordre moral, et le soldat, l'ordre matériel. L'Eglise même, dans le moyen âge, a sanctionné des institutions militaires et possédé des moines guerriers. Les chevaliers du Temple, de Saint-Jean de Jérusalem, de l'ordre Teutonique, de Calatrava, de Saint-Raymond, défendaient l'étendard de la croix contre le croissant du faux prophète :

« Plus doux que les agneaux, plus courageux que les

---

[1] II, *Paral.*, VIII, 10.

[2] Luc, III, 14.

[3] Apud veros Dei cultores etiam illa bella peccata non sunt quæ non cupiditate aut crudelitate sed pacis studio operantur ut mali coerceantur et boni subleventur. Aug. *sup. Josue. — Summ.*, q. 10.

lions [1], » ils formaient une croisade permanente pour assurer, chaque jour et chaque instant, l'indépendance de l'Europe, conquérir aux peuples chrétiens une prépondérance décidée sur les Musulmans : bienfait dont on ne saurait être assez reconnaissant envers l'Eglise.

Dans la civilisation païenne, la guerre fut l'état habituel de la société. On fixe la clôture du temple de Janus sous Auguste. Assyriens, Perses, Grecs, Carthaginois, Romains, ont continuellement bataillé avec tel ou tel prince, jusqu'à la ruine et l'anéantissement de l'un des belligérants [2].

Ainsi, tous les Etats, grands ou petits, civilisés ou barbares, ont fait la guerre. Mais, en dehors de cette nécessité fondée sur le triste jeu de nos passions, la guerre grandit aux yeux d'un homme de foi ; elle sort de l'ordre matériel pour entrer dans l'ordre moral. Et ici elle devient un *châtiment,* une *expiation* et même un *moyen de civilisation* entre les mains de la Providence qui sait du mal tirer le bien.

Le moraliste admet que le grand criminel reçoit souvent dans ce monde la peine due à ses crimes. La justice de Dieu le frappe quelquefois ici-bas exemplairement, afin d'inspirer la terreur à ceux qui seraient tentés de l'imiter. Ainsi, au rapport des historiens, la colère divine atteignit visiblement Nabuchodonosor, Antiochus, Sylla, Tibère, Néron, Julien l'Apostat, etc. Souvent aussi, Dieu, qui est éternel et pour qui mille ans ne sont que comme le jour d'hier [3], laisse au méchant un long cours de prospérités et se réserve, pour le châtier, l'éternité, quoiqu'il le punisse toujours sur la terre, non-seulement par le remords, ce ver naturel du crime, mais dans ce qui fait, avec le coupable, une personne morale, dans sa famille et ses œuvres. Etant à la fois mortel et immortel, le coupable paye toujours, tôt ou tard, ses dettes à la justice du Très-Haut.

---

[1] Saint Bernard.

[2] *Georg.*   Sævit toto Mars impius orbe.

[3] Tanquam hesterna dies.

Quant aux peuples, comme ils n'ont qu'une existence temporaire, et que, sujets du temps, ils dépendent de la durée, Dieu les punit ou les récompense toujours dans ce monde : paix, tranquillité, indépendance nationale, abondance, liberté réglée, santé publique, voilà les récompenses d'une nation fidèle à sa mission. Troubles, oppressions, perte de la liberté, peste, famine, guerre civile ou étrangère, voilà les divers châtiments par lesquels Dieu visite un Etat sorti de ses voies légitimes. L'Ecriture nous dit : La justice élève les nations et les rend prospères [1], l'iniquité en est la ruine [2].

En admettant ce principe basé sur l'ordre moral, la guerre devient un *châtiment*, une *expiation*, une espèce de sacrifice propitiatoire pour les iniquités des nations. Elle repose donc sur le même dogme que le christianisme, sur le mystère de la Rédemption, sur la chute originelle et sur la reversibilité de la douleur payée par l'innocent au profit du coupable. C'est une espèce de rédemption. Qu'on ne nous parle pas de tant de sang innocemment versé dans la guerre. Si elle n'immolait point de saintes victimes, elle ne serait point satisfactoire, caractère qui lui est essentiel. Si le sang innocent de l'Homme-Dieu sur le Golgotha a été la rançon de l'humanité entière, le sang innocent partiellement versé par la guerre, sur tel ou tel point du globe, est un cri de miséricorde vers le Ciel pour les forfaits d'une nation. Et qu'on le remarque bien, c'est toujours le parti où il tombe le plus grand nombre de saintes victimes qui finit, non immédiatement, mais tôt ou tard par l'emporter. L'histoire des sept frères Machabée et de leur mère, l'histoire des martyrs de l'Eglise, l'histoire du peuple de Dieu tout entière et l'histoire de nos révolutions, nous attestent cette vérité [3].

[1] Justitia elevat gentes. *Prov.*, XIV, 31.
[2] Iniquitas ejus finem dabit ei. *Tobie*, XIV.
[3] In servis suis consolabitur. In me et in fratribus meis desinet Omnipo-

Le paganisme même admettait une vertu expiatrice dans la
guerre. Le dévouement de Décius était regardé par les historiens comme ayant amené la fin de la colère des Dieux [2].
C'est en vertu de cette croyance que les Syriens, les Grecs,
les Romains, les Carthaginois et tant d'autres, dans les désastres publics, répandaient, en l'honneur de leurs divinités,
le sang pur de leurs vierges et de leurs enfants. « La beauté
d'Hélène, dit Euripide, ne fut qu'un instrument dont les
dieux se servirent pour mettre aux prises les Grecs et les
Troyens et faire couler leur sang, afin d'étancher sur la
terre l'iniquité des hommes [3]. »

C'est le courroux des rois qui fait armer la terre,
C'est le courroux des dieux qui fait armer les rois.

Certains crimes ont attiré en tout temps le fléau de la
guerre. On dirait qu'ils ne sauraient être expiés que dans le
sang. Tous les attentats qui attaquent directement les bases
de la société sont de cette nature.

La persécution de la vraie religion ou du Saint-Siége,
La révolte contre la souveraineté légitime,
La violation du droit des gens,
Des outrages faits par l'autorité à la morale publique
ont été en tout temps punis par la guerre ou civile ou étrangère. L'enlèvement d'Hélène, des Sabines, ou le viol de Lucrèce, de Virginie, etc., ont partout provoqué le fléau de la
guerre. C'est une loi du monde moral qui souffre très-peu
d'exceptions. La guerre est donc un châtiment de la miséricorde divine pour ramener les peuples coupables. « Toute

tentis ira, quæ super omne genus nostrum juste superducta est. II, *Mach.*,
VII, 6 et 58.

Monseigneur Affre, tombant victime de sa charité aux journées de Juin,
en s'écriant : « Que mon sang soit le dernier versé par des mains fratri-
cides ! » contribua peut-être plus que les soldats de Cavaignac au triomphe
du parti de l'ordre.

[2] Decius piaculum omnis Deorum iræ. Tite-Live.

[3] Tragédie.

victoire, dit saint Augustin, gagnée par un secret jugement de Dieu, humilie les vaincus, corrige ou châtie les péchés des hommes [1]. »

Lorsque les nations sont devenues incorrigibles, que la mesure de leurs crimes est pleine, Dieu les punit sans retour. Nous voyons cette vérité clairement révélée dans l'Ecriture. Dieu dévoue à l'extermination sept peuples de Chanaan ; il défend de traiter avec eux. Saül est puni sans miséricorde pour avoir épargné, contrairement à cette défense, les Amalécites, ces peuples maudits de Dieu. Et pourquoi cette sentence de mort prononcée contre des races entières ? Le livre de la Sagesse nous l'apprend : « Seigneur, vous les aviez en horreur, parce que leurs actions étaient odieuses et exécrables. Ces peuples immolaient leurs propres enfants à leurs dieux ; ils n'épargnaient ni leurs hôtes, ni leurs amis, et vous les avez perdus par la main de nos ancêtres, parce que leur malice était naturelle et incorrigible [2]. »

Avant de venir à cette extrémité, Dieu avait patienté quatre cents ans [3]. Il voulait par là montrer qu'arbitre de l'univers, il fait tout avec justice, et que plus il est puissant, plus il aime à pardonner [4]. Antérieurement à la conquête du pays de Chanaan, Dieu avait livré au sang d'Abraham, aux Moabites, aux Ammonites, aux enfants d'Esaü et à ceux de Loth les contrées occupées par des géants sanguinaires, injustes, violents, oppresseurs [5].

La guerre, renfermant, avec son cortége de douleurs, une vertu expiatrice et appartenant à l'ordre surnaturel, a été, pour cette raison, en tout temps et chez tous les peuples, environnée de cérémonies religieuses. Pour la commencer comme pour la finir, on a imploré ou remercié la divinité. Dans le paganisme, la guerre eut ses grands dieux, Mars et

---

[1] Omnis victoria divino judicio victos humiliat vel emendans peccata vel puniens. *Civ. Dei*, l. XIX, c. 13. — [2] *Sap.*, XII, 3. — [3] *Gen.*, XV, 18. — [4] *Sap.*, XII, 15. — [5] II, *Paral.*, XX, 19,

Bellone, avec leurs temples, leurs autels et leurs prêtres.
Dans la loi mosaïque, les lévites devaient suivre l'armée pour
animer les combattants et sanctifier le combat, « sanctificate
bellum. » Le Dieu des chrétiens étant le Dieu des armées a
également ses pontifes pour bénir les armes et le remercier
de la victoire.

Si la guerre est un châtiment, une expiation, la Providence qui sait du mal tirer le bien, la fait souvent servir
d'*instrument de civilisation* et de miséricorde.

Par les efforts extraordinaires que nécessite la guerre, par
le contact où elle met les divers peuples, il se fait comme
un échange d'idées, de sentiments et de lumières qui profite aux deux parties belligérantes. Les usages barbares
tombent, les mœurs se policent, les arts se perfectionnent, le
commerce s'étend. La défaite profite quelquefois aux vaincus ; ils reçoivent d'un vainqueur généreux des lois plus
douces et plus conformes aux droits de l'humanité. Alexan-
dre défendit aux Bactriens de donner leurs vieux parents à
manger à de grands chiens [1]. Les Siciliens vainqueurs abo-
lirent pour un temps chez les Carthaginois l'usage des victimes humaines. Les Grecs, subjugués par les Romains, gagnè-
rent à leur tour les vainqueurs à leurs arts et leurs sciences.

Les Romains, de leur côté, portèrent leur civilisation dans
toutes les contrées qu'ils soumirent à leur joug. Malgré les
actes de cruauté qui accompagnaient leurs conquêtes, on peut
cependant dire d'eux avec Bossuet : « Ce n'étaient pas de ces
conquérants brutaux et avares qui ne respirèrent que le pil-
lage, ou qui établirent la domination sur la ruine des pays
vaincus. Les Romains rendaient meilleurs tous ceux qu'ils
prenaient, en y faisant fleurir la justice, l'agriculture, le
commerce, les arts même et les sciences. C'est ce qui leur a
donné l'empire le plus florissant et le mieux établi, aussi
bien le plus étendu qui fut jamais [2]. »

---

[1] Strab., I, 2. — [2] *Discours sur l'Hist. univ.*, 3ᵉ part., c. 6.

Si les guerres, entre chrétiens, sont sanglantes, surtout de nos jours avec tant d'engins de destruction, du moins on doit y respecter ces grandes choses qui sont de l'essence de la civilisation :

La propriété particulière ;
La pudeur des femmes ;
La liberté naturelle ;
La vie de l'innocent ;
Les monuments de la religion et de la douleur (les églises et les hôpitaux) ;
Les chefs-d'œuvre des arts et des sciences ;
On doit y avoir des soins pour les blessés et pour le courage malheureux.

Dans le christianisme en général, surtout parmi les nations catholiques, la guerre a toujours pour résultat la propagation de la foi dans les contrées infidèles, c'est-à-dire l'introduction de la véritable lumière, et par elle et avec elle, tous les bienfaits de la vraie civilisation. Certes, l'Algérie a gagné à la conquête de la France, et l'heureuse guerre de la Chine faite par les armées françaises et anglaises portera l'Evangile dans le Céleste-Empire ainsi que dans toutes les contrées de l'Extrème-Orient. La guerre du Schleswig-Holstein, faite par les armées austro-prussiennes, a brisé, dans l'Europe, la barrière que le protestantisme posa contre la conscience et la liberté catholique.

La guerre civile des Etats-Unis a contribué à rendre plus efficace et plus manifeste l'action du catholicisme. On sait que les armées du Nord et du Sud, composées de protestants et de catholiques, avaient dans leurs rangs des aumôniers appartenant aux deux cultes. Les uns et les autres se sont donc trouvés en présence. Or, Dieu a permis, dans l'intérêt de sa gloire, que les yeux les moins clairvoyants fussent frappés du saisissant contraste que présentaient l'attitude des prêtres catholiques et celle des chapelains protestants. Le major général Butler, protestant, a solennellement proclamé la différence. Grâce à l'action et à la charité du prêtre et de la vierge catholiques, bien des préjugés sont tombés et des âmes sauvées. Aussi le catholicisme, depuis cette époque, se développe-t-il d'une manière extraordinaire dans l'Amérique du Nord.

Dans la guerre sanglante entre la France et l'Allemagne, tous les dissidents de bonne foi ont pu se convaincre de la supériorité des sœurs de charité sur les diaconesses. Un inspecteur protestant des hôpitaux rendit publiquement ce témoignage : « Les sœurs de charité catholiques sont l'idéal du dévouement ; une d'entre elles travaille plus que deux hommes ; elles sont d'une sobriété extrême, toujours contentes et pleines de prévenance. » Le prince de Weimar, frère du roi de Wurtemberg, rendit à Lagny un témoignage identique et il promit qu'à son retour il userait de toute son influence pour propager dans le Wurtemberg l'ordre des sœurs hospitalières. Aussi a-t-il déjà manifesté à Monseigneur Heffelé, évêque de Rothenbourg, le désir de voir multiplier les sœurs.

La guerre entre la France et l'Allemagne aura pour résultat de dissoudre le protestantisme comme puissance organisée, d'affaiblir, dans les esprits, par la vue des malheurs communs, le gallicanisme, le voltairianisme, ainsi que les idées révolutionnaires, socialistes, qui en sont la conséquence logique, et de nous conduire au principe d'autorité qui seul fait la force et la grandeur d'une nation. De plus, la crise actuelle fera voir que, dans le catholicisme seul, se trouve une forte barrière contre le débordement de la démagogie.

Si, selon un récent écrit, deux choses, depuis quelque temps, manquaient aux Français : *la vérité* et *la vertu*, nous croyons le moment venu de dire la vérité tout entière et de déduire de l'ordre providentiel la cause de nos immenses malheurs qui nous ramèneront à la vertu nécessaire à un gouvernement régulier.

II.

La France s'est attiré ses désastres, inouïs dans les fastes militaires et les annales de l'histoire, par l'esprit d'indifférence religieuse qui a envahi toutes les sphères gouvernementales.

Si, aux yeux de la raison et de la foi, l'homme est essentiellement un être sociable, s'il ne peut vivre ni se développer physiquement, moralement, intellectuellement, sans le concours de ses semblables ; si, en naissant, il appartient nécessairement à la famille ; si un Etat, un peuple, est la réunion d'un certain nombre de familles avec une puissance organisée pour en protéger la faiblesse ; si les hommes réunis en société ont d'autres exigences que des besoins physiques à satisfaire ; s'ils sont des êtres moraux qui ont une intelligence à cultiver et une âme à sauver, il est évident qu'une sage Providence a tracé aux corps moraux, familles, cités, Etats, comme aux individus, leurs devoirs essentiels. Or, que veut Dieu de tout mortel, pendant la période terrestre destinée à son épreuve? Le livre le plus élémentaire, le catéchisme répond : *Qu'il le connaisse, le serve et acquière le bonheur éternel.* Et où apprendra-t-il cette science pratique nécessaire à sa félicité? N'est-ce pas dans le sein de la famille d'abord et ensuite dans le sein de l'Etat, protecteur et tuteur-né de tous les intérêts de l'individu et de la famille?
Ainsi les forces vives d'une nation :

Le pouvoir à tous les degrés,
La famille dans tous ses membres,
L'école ou l'enseignement sous toutes ses formes,
L'armée ou la force organisée

doivent tendre, dans leur sphère relative d'action, non-seulement à assurer, à défendre le bien-être matériel de l'individu, mais concourir avec l'Eglise à lui procurer la satisfaction de ses besoins religieux et moraux, afin qu'il arrive à la félicité permanente.

Faciliter le règne de la vérité, aplanir les voies du ciel est le devoir le plus important de toute autorité constituée, s'il est vrai que l'âme l'emporte sur la matière, l'éternité qui dure sur le temps qui passe, et que la préparation de notre bonheur futur soit notre principale affaire ici-bas.

De plus, le paganisme même est d'accord avec le christianisme pour proclamer que toute autorité vient d'en haut et qu'elle est une émanation de celle de Dieu [1]. Ce principe admis, tout pouvoir doit être en quelque sorte l'*homme* de Dieu, faire l'œuvre divine, user de son influence pour établir, conserver, propager le règne de la vérité et de la justice. C'est dans ce sens que le docteur des nations déclare apostats, pires que des payens mêmes, tous les maîtres, tous les chefs de familles, de cités, d'Etats, par conséquent tous les pouvoirs qui n'ont pas soin de l'éducation de l'âme de leurs subordonnés [2].

Or, nous le demandons à tout observateur tant soit peu sérieux, en France, depuis la fameuse proclamation des principes de 89 [3], surtout depuis la révolution de 1830,

Le gouvernement, dans tous ses grands corps,

La famille, la cité en général, dans les classes influentes,

L'université, le haut et moyen enseignement,

Surtout la presse, cette forme nouvelle et redoutable de l'enseignement dans les temps modernes,

L'armée,

ont-ils fait comme *corps moraux* l'œuvre de Dieu? N'ont-ils pas été placés par la Constitution même, non-seulement en

---

[1] A Jove principium. — Non est enim potestas nisi a Deo. *Rom.* XIV.

[2] Si quis autem suorum et maxime domesticorum curam non habet, fidem negavit et est infideli deterior. 1. *Timoth.*, V, 8.

[3] Quelques-uns de ces principes sont anodins, mais plusieurs qui entrèrent dans le droit public en France sont subversifs de tout ordre régulier; nous les avons signalés dans notre *Césarisme*.

dehors du christianisme, mais en dehors de toute religion positive ? Nous disons, *comme corps moraux*, qu'on le remarque bien, car nous savons qu'individuellement dans toutes les sphères gouvernementales, dans le Sénat et le Corps législatif, dans l'Université, dans la noblesse comme dans la bourgeoisie, dans l'armée surtout, il y a eu toujours des membres éminemment religieux. Mais en rendant justice à d'honorables exceptions, nous le répétons, le gouvernement, comme tel, ne s'est-il pas soustrait à toute religion ? Et, fait unique dans l'histoire humaine, inouï même dans le paganisme, une nation, qui se dit catholique, n'a-t-elle pas adopté une constitution athée, proclamé solennellement à la face de l'univers que, dans sa base constitutive, elle se passera de Dieu, qu'elle n'a que faire de la religion, que l'idée théologique peut convenir à l'individu, mais que l'État est indépendant de tout principe surnaturel, que la société est un fait humain, non divin, que, par conséquent, elle ne relève pas d'un ordre supérieur ? Une pareille audace n'est-elle pas logiquement la négation de la Providence et de l'ordre moral, l'adoption des idées de Rousseau et de Voltaire, empruntées elles-mêmes à la philosophie matérialiste d'Epicure et de Lucrèce, en un mot au paganisme le plus corrupteur ?

Une telle constitution ne regarde plus l'homme comme le roi de la création visible, mais comme un congénère perfectionné du singe, et la société comme une aggrégation d'êtres qui ne sortent pas du cercle du règne animal.

Malgré les fortes croyances du peuple français, une constitution aussi étrange et aussi impie a déteint sur les mœurs publiques et vicié rapidement toutes les institutions nationales.

Il est arrivé :

Que *la classe si nombreuse des fonctionnaires*, au lieu de donner à ses subordonnés, comme c'est son devoir, l'exemple du sentiment religieux, a abandonné généralement tout culte extérieur et ne paraît dans les églises, au moins en corps, qu'à la fête du souverain ;

Que *le haut enseignement,* et surtout la *presse,* se sont crus affranchis de tout dogme, lien et frein des intelligences ;

Que *la famille* peut se contenter du mariage civil et jouir du calcul de l'égoïsme dans la stérilité ;

Que *l'armée* n'a aucune direction religieuse,

Que, pour couronner cet état lamentable, le *repos du dimanche,* signe visible du christianisme, et dont *la profa-nation* attire toujours la *malédiction divine,* est virtuellement aboli et n'est plus guère observé que par les gens simples de la campagne et non pas même dans toutes les localités ;

Que le clergé surveillé par une politique mesquine et nommé dans l'intérêt d'un parti, d'une dynastie, non dans celui de la Religion, se trouve sans influence sociale, isolé dans ses temples vides et malheureusement inférieur à sa position. C'est le loup qui désigne souvent le berger.

Encore une fois, une nation qui a un pareil système gouvernemental, n'a-t-elle pas apostasié le christianisme et même l'ordre moral ? N'est-elle pas, selon l'expression de saint Paul, pire que l'infidélité, le protestantisme, le mahométisme, le paganisme ?

L'Allemagne, l'Angleterre et l'Amérique protestantes ainsi que la Russie schismatique ont conservé dans leurs constitutions ou de leurs gouvernements des traditions chrétiennes. Elles observent le dimanche et en rendent le repos obligatoire pour faciliter à leurs peuple la pratique de la religion.

Quoique dans ces pays le divorce puisse dissoudre le mariage, néanmoins il y est toujours environné de cérémonies religieuses, et cela en vertu de la loi. Les familles y sont nombreuses, et l'école demeure confessionnelle, malgré des tendances contraires. L'armée a un culte obligatoire qu'elle observe et qui est l'âme d'une forte discipline.

On connaît le fanatisme des Musulmans. Le Coran est le code régulateur de leurs actes tant religieux que civils.

L'infidélité payenne, dans sa plus profonde corruption, a conservé les dogmes fondamentaux de la société. Ses législateurs ont supposé la croyance à la divinité ainsi qu'à l'immortalité de l'âme et y ont appuyé leurs constitutions politiques. Le lien social, l'obéissance, trouvait ainsi une sanction dans l'ordre du monde supérieur. Les philosophes et les législateurs anciens, inspirés des vraies traditions, ont été unanimes pour proclamer qu'il serait plus facile de bâtir un édifice en l'air que de constituer un Etat, une cité sans Dieu[1].

En France, il y a eu des législateurs assez impies et insensés pour infliger à la nation une pareille utopie et impiété, pour écarter de leurs folles constitutions les idées fondamentales de Dieu et de l'immortalité de l'âme. Nous le répétons, c'est là le fait le plus audacieux, le plus satanique de l'histoire humaine; le lien social est non-seulement déplacé, mais moralement brisé. L'homme devient lui même son appui, sa règle, sa loi, sa sanction. Si, dans la publication des droits de l'homme ou dans les constitutions de la Révolution, l'on parle de *l'Être suprême, de la liberté des cultes*, ce n'est qu'une formule abstraite sans lien ni pour la pensée ni pour la conscience des pouvoirs. L'Etre suprême c'est le Dieu-Nature, le Dieu-Homme, le Dieu-Humanité, comme on voudra, mais jamais le Dieu personnel, créateur du ciel et de la terre, le vengeur des crimes. Proudhon, ainsi que tous ceux qui ont expliqué la Révolution, l'affirment solennellement[2]. D'après nos modernes législateurs, liberté des cultes, c'est la faculté de n'en avoir, de n'en pratiquer

---

[1] PLUTARQUE.

[2] « Il est aisé de traduire le nom de Dieu, de donner à ce signe une interprétation rationnelle, sociale, physiologique, physique même. — Avec le Christ, il est aisé de voir que tous les dieux passés, présents et futurs, sont frappés de déchéance et le sacrifice perpétuel est aboli. — Le rôle des religions est fini. — L'idéal (Dieu) ne se soutient que par le réel. — L'idée de Dieu est étrangère à la morale humaine. — La Révolution a positivement entendu affranchir la morale de tout mélange mystique; par là, elle s'est radicalement séparée non-seulement du christianisme, mais de toute religion passée, présente et à venir. » — *Justice dans la Révolution*, V. xxx.

Conformément à ces idées de Proudhon et selon l'enseignement formel

aucun. L'Etat n'en reconnait aucun obligatoire, ne les protége et les paie qu'autant qu'ils entrent dans le rouage de sa politique. La raison humaine se suffit à elle-même; elle est indépendante de tout autre tribunal et ne relève d'aucun dogme mystérieux. L'homme et la société ne dépendent que d'eux-mêmes, de leur responsabilité propre. Il n'y a, logiquement, d'autre lien social, que l'intérêt du présent surveillé par la police du gendarme. Les conséquences logiques, désastreuses, de pareilles constitutions, sont :

L'instabilité du gouvernement et de tous les pouvoirs;

L'affaiblissement des caractères dans les fonctionnaires;

La décomposition de la famille;

Un système d'instruction publique superficiel et sans principes arrêtés;

Une presse dévergondée;

Le relâchement dans la discipline de l'armée;

L'extinction du patriotisme et du vrai dévouement dans un grand nombre de personnes;

Le sensualisme et la corruption progressive dans toutes les couches de la société;

Il suffit d'énoncer ces propositions. Leur évidence saute aux yeux. *Tel esprit mental, tel esprit social;* l'anarchie dans les idées amène celle des mœurs.

La religion seule lie efficacement les intelligences et en est le condiment le plus indispensable. Elle donne seule aux institutions l'unité qui leur est nécessaire et inspire le vrai dé-

---

de l'école des positivistes, panthéistes, matérialistes, sceptiques et francs-maçons, qui forment aujourd'hui un vaste diocèse, l'*Etre-suprême* n'est autre chose que l'*homme,* que l'humanité. En qualité de révolutionnaires logiques, ils n'en connaissent point d'autre. Le Dieu de nos pères n'est pour eux qu'*une abstraction, une hypothèse, une hypocrisie sociale.*

Portalis, un des meilleurs jurisconsultes du premier empire, partage dans un certain sens les mêmes folles idées. Il affirme hautement que *la puissance publique* doit se suffire à elle-même; *elle n'est rien, si elle n'est tout; — l'Eglise doit être dans l'Etat, et non l'Etat dans l'Eglise. — Rapports sur le Concordat.*

voirement. Lorsqu'on ne croit à rien, le devoir n'est plus qu'un vil égoïsme.

Depuis 89, que de révolutions! que de constitutions! que de changements de gouvernements et de ministres en France!

Promettant tous l'ordre, la tranquillité, la liberté et le bonheur, ils se succèdent périodiquement, modifiés, changés, transformés comme les feuilles caduques tombent et repoussent au printemps; les lois qui en sont le commentaire se multiplient, se heurtent, se détruisent et ressemblent aux pierres disparates de la construction babylonienne. Tout reste confusion, trouble, tantôt anarchie, tantôt despotisme. Ce chaos est la logique des principes admis. Comment, dans un grand pays comme la France, où tant de partis se livrent à l'assaut du pouvoir, une autorité qui ne repose que sur l'élection et le suffrage des masses, peut-elle avoir de la durée? N'est-elle pas soumise à toutes les fluctuations de l'opinion publique, au choc des intérêts opposés des partis, sans cesse battue en brèche par une presse hostile et le point de mire de tous les audacieux? Les fonctionnaires, dépendant de la mobilité d'une politique de soubresaut, ne sauraient conserver aucune fixité dans les idées, ni aucune indépendance dans le caractère. Ils ne seront généralement occupés que de leur avancement, ne donnant à leurs fonctions que les apparences; intrigues, mensonges officieux, basse flatterie, tout moyen avouable ou non sera employé pour avancer ou gagner les bonnes grâces des chefs qui peuvent leur être utiles.

Avec le mariage civil, obligatoire, et celui de la religion, facultatif, la famille est profondément atteinte. Quoique l'indissolubilité soit maintenue, néanmoins elle peut ne pas se former sous l'œil de Dieu et de la conscience. Aussi, est-elle ravagée plus que dans les autres pays chrétiens par un mal affreux. Sous l'inspiration du sensualisme, on oublie la loi providentielle : *Croissez et multipliez-vous*. Un vil calcul en arrête la fécondité aux dépens de la vraie force des Etats et la décompose rapidement; souvent elle n'atteint pas la troisième génération.

Le haut enseignement et la presse politique, la plus influente, images désordonnées de l'Etat, ne s'appuyant que sur une philosophie vague et vaporeuse, au lieu d'éclairer les générations, ne font qu'augmenter l'anarchie des idées, jeter le trouble, la confusion, le désordre dans les intelligences et les cœurs.

L'armée elle-même, laissée sans direction religieuse, se ressentira de la fluctuation des esprits; sachant que tout est mis en discussion dans la société, elle deviendra raisonneuse. La discipline qui en fait la puissance se relâchera et il se rencontrera des chefs qui, oubliant l'honneur du pays qu'ils ont mission de défendre, se laisseront entraîner par le mirage d'une position supérieure; ils deviendront les serviteurs non de la nation, mais d'une politique égoïste, anti-nationale.

Sous l'influence d'aussi funestes tendances, le patriotisme et le dévouement s'affaiblissent et disparaissent graduellement; il ne reste que des appétits grossiers. La patrie, après Dieu, le bien le plus précieux de l'homme, n'apparaît plus environnée de l'éclat de son passé, de la majesté de ses souvenirs et de ses grands hommes, avec le prestige de son rôle dans le monde; chacun la forme à son étroite image et la borne à *sa fortune* ou conservée ou augmentée.

Est-il étonnant qu'un tel système de gouvernement, ravagé de haut en bas par le voltairianisme, l'esprit révolutionnaire et la corruption, scandale de honte de l'univers, foyer d'agitations continuelles, se soit effondré devant le souffle de la colère divine et qu'il ait été balayé pour l'exemple et l'instruction du genre humain? Unique dans son audace et son hypocrisie, il a voulu se jouer de Dieu; l'Eternel, de qui relèvent tous les empires, lui a retiré sa protection. Il s'est aveuglé dans son fol orgueil et il a subi des désastres uniques dans l'histoire. Il a été brisé comme un vase d'argile par une verge de fer. La France expie avec des larmes de sang et des ruines lamentables l'esprit de vertige qui a poussé son gouvernement à renier son passé, sa mission séculaire d'être la protectrice du Saint-Siége livré hypocritement à la révolution italienne.

Il n'est pas donné à la plume de retracer les angoisses et les malheurs de la patrie. Toute notre gloire a été changée en une ignominie indicible. Notre armée qui passait pour la première du monde, conduite avec une ineptie incroyable, malgré des prodiges de valeur, a été presque tout entière menée à la *boucherie*, à l'*humiliation,* à la *captivité.* L'honneur national a coulé par tous les pores, et la rougeur sur le front, l'indignation dans le cœur, nous ressentons la pitié la plus profonde pour des chefs qui ont amené cet état de choses. Dans les honteuses capitulations de Sedan et de Metz, inconnues dans les fastes militaires, nous n'avons plus reconnu le caractère français ni tout le noble patrimoine d'honneur de la grande nation. Notre drapeau, qui a flotté sur toutes les capitales, depuis Madrid jusqu'à Pékin, a été trainé dans la boue. Nous sommes devenus l'objet de la risée de l'univers. On dirait que chez ceux qui devaient donner l'exemple du dévouement, il n'y a plus ni France, ni patriotisme, ni dignité humaine. L'intérêt, l'égoïsme, l'ont emporté sur la patrie en danger. Evidemment tant de honte et de défaillance accuse un état mental affreusement perverti et une corruption babylonnienne.

Le commerce du pays ruiné, ses richesses enlevées, sous l'étreinte de la famine, Paris obligé de capituler au bout d'un siége héroïque de près de cinq mois; une paix qui n'est qu'une trêve préparatoire à des guerres plus sanglantes encore et qui nous impose cinq milliards et la cession de l'Alsace et d'une partie de la Lorraine, deux de nos plus belles provinces, toutes les familles en deuil, tous les ateliers fermés, tous les hommes valides en armes, afin de repousser l'invasion la plus formidable qui ait jamais désolé un peuple, invasion que nous nous sommes attirée de gaîté de cœur, en créant avec *notre or et notre sang* l'unité italienne, aux dépens du patrimoine de Saint-Pierre, œuvre et gloire de la France catholique, au mépris des promesses solennellement faites et des foudres vengeresses du Pape dépouillé de ses Etats, qui sont la garantie de l'indépendance de l'Eglise même, et en créant du même coup l'unité allemande, en vertu de faux principes *des nationalités*, voilà les désastreux résultats d'une politique criminelle, hypocrite, anti-religieuse. Une part de responsabilité retombe non-seulement sur un pouvoir sans frein et sans mœurs, mais sur toute cette troupe moutonnière d'imprudents claqueurs du despotisme impérial. Depuis longtemps le Maître l'a dit : « Si un aveugle conduit d'autres aveugles, ils tombent tous dans une fosse commune. »

O princes, ô peuples, apprenez ce qui vous attend, lorsque vous voudrez vous affranchir du joug du Très-Haut [1]. Dans cette punition exemplaire tombée sur la France, voyons-nous la foudre qui écrase ou la verge qui frappe pour guérir et sauver? Nous croyons que Dieu reste le protecteur de la France et qu'il la visite dans sa justice miséricordieuse, non pour la perdre, mais pour la ramener à un ordre politique, plus régulier, plus conforme à son histoire. En sage architecte, il renverse pour reconstruire, afin que la fille aînée de son Eglise puisse reprendre son rang dans la grande famille des nations, continuer son œuvre, être le soldat armé du Christ et marcher à la tête de la civilisation chrétienne [2].

---

[1] Assisterunt reges terræ et principes convenerunt in unum, adversus Dominum et adversus Christum ejus. Dirumpamus vincula eorum et proficiamus a nobis jugum ipsorum. In furore suo conturbabit eos. Et nunc, reges, intelligite, erudimini qui judicatis terram. *Ps.*, II.

[2] Gesta Dei per Francos.

III.

La France, purifiée par le sang et le malheur, se relèvera de
ses ruines.

Nous venons de voir que, dans les sphères gouvernementales, depuis la Révolution de 89 et surtout depuis celle de 1830, la France s'est placée hors de tout ordre régulier et qu'elle s'est inclinée rapidement vers une décomposition universelle. A de grands maux il faut de grands remèdes. Malheureusement les idées subversives qui ont bouillonné dans la tête de la nation ont plus ou moins infecté les esprits en Europe et amené cette commotion des peuples dont nous sommes les tristes témoins et les victimes; mais nous ne resterons pas sous les coups violents qui semblent nous écraser.

Quoi qu'on fasse, la France, la première nation appelée au christianisme, est par sa vocation et par sa position géographique le pivot de l'ordre *politique, économique* et *religieux* de l'Europe. Un ébranlement dans la France amène le trouble, le désordre, le malaise, chez tous les peuples européens. Tous souffrent forcément dans leur industrie, leur commerce, l'échange de leurs idées et de leurs produits. Avec l'absence de l'influence française, la vie extérieure du monde semble arrêtée; il y a une atonie générale, comme lorsque la tête souffre, tous les membres du corps sont en souffrance. Effacez la France comme grande puissance et le monde civilisé sera plongé dans le cahos. Il tombera sous le knout et la schlague. Ils seraient bien aveugles ceux qui feraient leur deuil d'un pareil malheur. Nous ne croyons pas le moment opportun pour développer cet ordre d'idées.

Sous le rapport religieux, le vide que laisse une perturbation en France est incalculable; rien ne saurait le remplacer. Voilà pourquoi dans le plan actuel de la Providence, la fille aînée de l'Eglise ne saurait périr. Son sort est intimement lié à celui du catholicisme qui a les promesses de l'avenir et dont elle est, malgré les écarts de sa funeste politique, le propagateur, le défenseur par *le sang*, *l'or* et *les institutions* de ces enfants. Chaque fois qu'elle s'est soustraite à sa mission tracée par saint Remi, d'être la protectrice des faibles, de l'Eglise romaine et du Saint-Siége, il lui arriva, comme à Jonas qui a voulu fuir la face de l'Eternel, d'être jetée dans un océan de maux. Elle ne s'en est retirée, ainsi que le prophète, qu'en écoutant la voix qui la rappelait à sa mission.

Dans la crise actuelle, le Seigneur aura pitié d'elle, en faveur de l'immense dévouement dont elle continue de donner l'exemple. Ses enfants catholiques la sauveront, comme ils l'ont sauvée lors de la première grande Révolution. Le sang juste des Vendéens a arrêté le démon révolutionnaire et amené le Concordat, la pacification religieuse. Dans la justice du Très-Haut, les bons payent les dettes des méchants.

Depuis un demi-siècle, les catholiques de France ont plus fait pour la religion que toutes les autres nations réunies. Le mouvement religieux parti du sol français, qui travaille actuellement le monde entier, entrera dans la balance de la miséricorde, lui obtiendra son pardon.

A dater du Concordat de 1801, du sang des martyrs et des souffrances des confesseurs de la foi, sortit un clergé pauvre il est vrai, mais admirable par son dévoucment, par sa discipline et sa piété. Malgré son dénûment et les chaines d'une politique étroite qui l'empêcha de guérir toutes les plaies du voltairianisme révolutionnaire, il releva les autels abattus, restaura les églises profanées, les orna convenablement, créa des écoles, des séminaires sans nombre, enfanta ces mille œuvres de charité qui couvrent le sol de la France et qui soulagent les maux si multipliés du corps, de l'âme et de l'intelligence. Sa fécondité semble inépuisable. A l'aide de l'obole du pauvre, par le secours de l'œuvre providentielle de la Propagation de la Foi, de celle de la Sainte-Enfance, qui rapportent ensemble annuellement plus de six millions, inventions de son ingénieuse charité, la France catholique envoie et entretient sans cesse des essaims d'apôtres et de vierges missionnaires dans toutes les parties de l'Europe, de l'Afrique, de l'Asie, de l'Amérique et des îles de l'Océanie. Le sang du clergé et l'or des catholiques français sont pour ainsi dire une semence plus féconde que celle des premiers chrétiens. Celle-ci ne paraît avoir porté des fruits durables que dans l'empire romain, tandis que celle-là semble destinée à engendrer à l'unité et à la vie de l'Evangile les enfants de toutes les tribus humaines. Grâce à la faible cotisation de cinq centimes par semaine, toutes les plages de l'univers possèdent une légion héroïque, incomparable, de missionnaires et de vierges qui font notre gloire, notre force, notre bénédiction devant la justice du Très-Haut.

Ajoutez à cette héroïque charité et le denier de Saint-Pierre qui, depuis dix ans, trouve sa principale ressource dans la bourse des catholiques de France, et le sang de tant de nobles enfants qui a coulé à Rome, à Castelfidardo, à Mentana, pour l'indépendance du Saint-Siége et de la souveraineté temporelle du Pape. Ajoutez encore la protection spéciale de la sainte Vierge, la patronne de la nation, les prières, les larmes, les communions de tant d'âmes pieuses qui intercèdent pour leur patrie, et nous pourrons à juste titre espérer qu'à la France il sera pardonné beaucoup, parce qu'elle a aimé beaucoup l'humanité souffrante.

Oui, le sang innocent des catholiques français versé dans cette terrible guerre, le dévouement incomparable de nos vierges, la générosité de toutes les classes de la société, relèveront la patrie de ses ruines et la replaceront à la tête des nations. A notre espérance, se joint celle de l'illustre martyr de Rome, Pie IX, notre Père bien-aimé. Il disait dernièrement, recevant les adieux d'un Français : « Je bénis la pauvre France, et quelque malheureuse qu'elle soit en ce moment, je compte sur elle. Dieu l'éprouve, mais ne l'abandonnera pas. *Dites bien cela.* »

Une autre autorité, qui est aussi une espérance, vient d'écrire ces nobles paroles : « Au-dessus des agitations de la politique, il y a une France qui souffre, une France qui ne peut pas périr, qui ne périra pas, car, lorsque Dieu soumet une nation à de pareilles épreuves, c'est qu'il a encore sur elle de grands desseins.

« Sachons reconnaître enfin que l'abandon des principes est la vraie cause de nos désastres, une nation chrétienne ne peut pas impunément déchirer les pages séculaires de son histoire, rompre la chaîne de ses traditions, inscrire en tête de sa constitution, la négation des droits de Dieu, bannir toute pensée religieuse de ses codes et de son enseignement public. Dans ces conditions elle ne fera jamais qu'une halte dans le désordre; elle oscillera perpétuellement entre le césarisme et l'anarchie, ces deux formes également honteuses des décadences païennes, et n'échappera pas au sort des peuples infidèles à leur mission [1]. »

Dans la terrible crise que nous traversons, ce qui périt, ce n'est donc pas la vraie France, la France catholique, qui a joué un rôle si glorieux dans l'histoire, c'est la France voltairienne, révolutionnaire; c'est le napoléonisme, âme et organisation de la Révolution qui, après avoir deux fois hypocritement dépouillé le Pape de sa souveraineté temporelle, au mépris des promesses faites et des foudres vengeresses du Vatican, a porté le trouble dans les consciences aussi bien que dans les États de l'Europe et amené sur la nation trois formidables invasions. Le pays, à la lueur de ses malheurs, finira par ouvrir les yeux. Fatigué de tant d'agitations stéri-

---

[1] Lettre du comte de Chambord à un membre de l'Assemblée nationale, 8 mai 1871.

les et désastreuses, comme l'enfant prodigue, il retournera à la maison paternelle [1], il invoquera le principe d'autorité qui a fait sa force et sa grandeur. Il inscrira sur son drapeau : *Harmonie de la liberté et de l'autorité* dans l'esprit de l'Evangile, *indulgence, charité envers les personnes, opposition aux principes subversifs de tout ordre social.*

O France! patrie de Clovis, de Charlemagne, de saint Louis, des Croisades, ne sois pas le jouet des enfants perdus de la Réforme et du voltairianisme. Assez de divisions, de luttes, de malentendus et de désastres. Au nom de ta grandeur et de ton influence dans le monde, au nom de la civilisation chrétienne, un regard sur ta propre histoire. Suivant le testament prophétique de saint Remi [2] le pontife consécrateur de ta monarchie, tu n'as été la grande nation que fidèle à ta mission providentielle d'être la protectrice du faible, de l'opprimé, surtout du siége apostolique. Chaque fois que tu as oublié ce rôle glorieux, digne de la fille ainée de l'Eglise, tu as été amoindrie, l'éclat de ta gloire s'est obscurci. Ah! les idées funestes et dissolvantes qui te travaillent et qui font ton malheur, tes révolutions périodiques, ne sortent pas de ton génie national. Elles sont une importation de l'étranger, ennemi de ton unité, de ta foi et de ta grandeur. Elles te sont venues d'abord de la nébuleuse Allemagne, d'un moine défroqué, de Luther, de Calvin, ces patriarches de tes révolutions religieuses et sociales. Elles te sont venues ensuite de la perfide Albion, dont les philosophes sceptiques ont gangrené l'esprit et le cœur de Voltaire et l'ont lancé, soutenu, applaudi en France comme le plus grand insulteur

---

[1] Ibo ad patrem.

[2] Alors saint Remi vit en esprit qu'en engendrant en Jésus-Christ les rois de France avec leur peuple, il donnait à l'Eglise d'invincibles protecteurs. Ce grand saint est le nouveau Samuel appelé pour sacrer les rois, sacra ceux-ci, comme il le dit lui-même, pour être *les perpétuels défenseurs de l'Eglise et des pauvres*, digne objet de la royauté. Bossuet. *Serm. sur l'unité de l'Eglise.*

de la religion du Christ, le plus profond corrupteur de la morale publique et le fléau le plus funeste de la patrie. Elles te sont venues encore du génevois Rousseau, de ce huguenot suisse, apostat de toutes les religions positives qui, après une vie aventurière, finit dans la folie et le suicide. Laisse à tes ennemis ce scepticisme impie, étranger à ton caractère national ; il a brûlé déjà trop longtemps, semblable à un feu dévorant, tes entrailles, remué ton sol jusque dans ses fondements et failli t'engloutir dans un cataclysme commun. Reviens à toi-même, à ton unité, à tes principes conservateurs, protecteurs des faibles, des opprimés, surtout de ta mère l'Eglise romaine. Reste catholique. Ce n'est qu'à l'aide des lumières de la révélation et non dans les ténèbres d'une philosophie vaporeuse, impie, que tu trouveras la solution du problème qui se débat avec tant de vivacité de nos jours, *union de l'autorité et de la liberté;* autorité si nécessaire aux gouvernants, liberté si indispensable aux peuples chrétiens qui ont le sentiment de leur dignité, noble fruit du Calvaire. Reste catholique dans tes institutions, qu'un scepticisme étranger a malheureusemen envahie. Harmonise ta politique, ta science, tes écoles, tes lois, ton armée avec l'esprit de l'Evangile. Alors le Christ, ce Dieu de ton berceau, de ta jeunesse, sera le Dieu de ton âge mûr ; il te couvrira de son ombre protectrice et continuera tes glorieuses destinées à travers les nations. Si tu abandonnes le Dieu d'amour de tes pères, de tes héros, de tes saints, qui te parle par la voix si majestueuse de tes cathédrales et par tout le passé de ton histoire, pour suivre le Dieu despote de Calvin, de Rousseau, de Voltaire, *le Dieu-homme ou nature ou science,* ou l'athéisme de la Révolution, tu tomberas du premier rang à un rang secondaire; tu auras le sort de ceux qui ont méconnu leur noble vocation. Une autre nation plus fidèle prendra ta place.

Ah! puissent les royaumes, les Etats, les pouvoirs publics qui semblent chanceler sur leurs bases, « *conturbatæ sunt gentes, inclinata sunt regna,* » parce qu'ils ne s'appuient que sur des étais factices, humains, sur la tyrannie soit du nombre, soit du capital, soit du sabre, indépendants de l'ordre moral, se replacer sur le roc de l'Evangile, et alors, dans la conscience des sujets, ils trouveront un appui inébranlable ! Puissent les peuples qui souffrent des terribles maux de la guerre, parce qu'ils ont abandonné la loi du Seigneur, retourner à l'unique vérité, à l'unique voie et l'unique vie ! Alors ils retrouveront la paix, l'autorité et la liberté, ces biens les plus précieux de l'humanité.

O Seigneur Jésus, source et seul gardien de *l'autorité et de la liberté*, vous qui, la veille de votre mort, dans vos tendres adieux à vos apôtres et dans cette prière sublime, testament de votre amour, avez demandé pour vos enfants la paix, l'union, telle qu'elle existe entre vous et le Père céleste, « *ut unum sint sicut et ego et tu* [1], » ah ! du haut de votre trône, souvenez-vous de cette dernière prière, accordez aux peuples et aux rois la paix, l'union des intelligences, des cœurs et des esprits, l'harmonie de l'autorité et de la liberté, afin que, délivrés de toute crainte et assurés de la tranquillité publique, nous puissions vous servir avec piété et arriver à travers le temps et l'espace au règne d'une paix parfaite.

[1] Joann., XVII, 1.

Nancy, imp. Sordoillet et Fils.